D1694793

Jordina Ros   Sonia Alins

Zwischen KiGa und Grundschule –
Kinder lernen spielend

Körper
Räume
Koordination

Verlag an der Ruhr

Impressum

Titel der spanischen Originalausgabe: Juegos en movimiento.
Actividades para la educación infantil:
Juegos de espacio.

© der spanischen Originalausgabe: Parramón Ediciones, S.A., 2001.
World rights published by Parramón Ediciones, S.A.,
Barcelona, Spain.

Titel der deutschen Ausgabe: Zwischen KiGa und Grundschule –
Kinder lernen spielend
Körper, Räume, Koordination

Autorin: Jordina Ros

Illustrationen: Sonia Alins

Übersetzung: Uta Bories

Bearbeitung für Deutschland: Verlag an der Ruhr

Verlag: Verlag an der Ruhr
Alexanderstraße 54 – 45472 Mülheim an der Ruhr
Postfach 10 22 51 – 45422 Mülheim an der Ruhr
Tel.: 02 08 / 439 54 50 – Fax: 02 08 / 439 54 39
E-Mail: info@verlagruhr.de
www.verlagruhr.de

© der deutschen Ausgabe
Verlag an der Ruhr 2005
ISBN 3-86072-971-3

geeignet für
die Altersstufe

Gedruckt in Spanien

Die Schreibweise der Texte folgt der
reformierten Rechtschreibung.

Alle Vervielfältigungsrechte außerhalb der durch
die Gesetzgebung eng gesteckten Grenzen (z.B. für
das Fotokopieren) liegen beim Verlag. Der Verlag
untersagt ausdrücklich das Speichern und Zur-
Verfügung-Stellen dieses Buches oder einzelner
Teile davon im Intranet, Internet oder sonstigen
elektronischen Medien. Kein Verleih.

Inhaltsverzeichnis

Vorwort

Räumliche Wahrnehmung und räumliches Lernen

Der Raum ist ein dreidimensionales Medium ohne feststehende Grenzen, in dem alle Formen, Materialien und Aktionen möglich sind. Sich dies vorzustellen, ist für Kinder zu abstrakt und zunächst unmöglich. Mit Hilfe dieser Spiele erobern sich die Kinder in kleinen Schritten die Prinzipien, die eine räumliche Wahrnehmung ausmachen. Dabei wird zunächst der kleine, eigene Raum erkundschaftet. Später werden die gesammelten Erfahrungen auf den abstrakten Raum übertragen. Dadurch können wiederum die Wahrnehmung äußerer Reize, die Vorstellungskraft, aber auch die motorischen Fähigkeiten und die Ausdrucksfähigkeit des Kindes gefördert werden. Wichtige Grundlagen für die Raumwahrnehmung müssen zwischen dem 4. und 7. Jahr erworben werden, denn das räumliche Wahrnehmen ist eine Grundlage vieler Kulturtechniken wie Lesen, Schreiben und Rechnen.

Folgende Raumdimensionen sollten Kinder wahrnehmen und unterscheiden lernen:

- **Raumrichtungen** (vorwärts, rückwärts, seitwärts, oben–unten, vorne–hinten, rechts–links)
- **Raumlinien** (senkrechte, waagerechte, diagonale)
- **Raumausdehnungen** (Größen: klein–groß, schmal–breit; Höhen: hoch–tief; Entfernungen: kurz–lang)
- **Raumwege** (gerade, rund, eckig)
- **Raumlagen** (Positionen zwischen dem Kind und Objekten: wie vor, neben, hinter)

Eng damit verknüpft sind folgende Wahrnehmungsbereiche, die die Kinder für eine gute Raumorientierung benötigen:

Visuelle Wahrnehmung:
Mit ihr haben die Kinder die Möglichkeit, die Umwelt zu strukturieren, indem sie den Vorder- und Hintergrund bzw. den Nah- und Fernraum sowie die Höhe, Tiefe und Breite eines Raumes erkennen. Damit auch motorische Aktionen im Raum gelingen können, sind das periphere Sehen, der Wechsel von Nah- und Fernsicht, aber auch die Auge-Hand-Koordination, die Figur-Grund-Wahrnehmung und die Formkonstanz von besonderer Bedeutung.

Auditive Wahrnehmung:
Mit ihrer Hilfe haben die Kinder die Möglichkeit, Geräusche aus verschiedenen Richtungen des Raumes und deren Entfernungen zu erkennen.

Vestibuläre Wahrnehmung:
Mit ihr können die Kinder bei der Bewegung in unterschiedlichen Raumdimensionen das Gleichgewicht halten bzw. die Schwerkraft empfinden.

Kinästhetische Wahrnehmung:
Jede Bewegung im Raum verlangt eine sichere und genaue Durchführung. Dabei müssen die Kinder den Krafteinsatz den jeweiligen Bewegungsaufgaben anpassen.

Darüber hinaus sind die Augenkontrolle, eine Seitigkeitssicherheit und die Entwicklung des eigenen Körperschemas von Bedeutung. Die Spiele dieser Sammlung legen, festigen und trainieren all diese Voraussetzungen.

Didaktik der Spiele

Im Spiel üben Kinder wichtige Verhaltensweisen ein, die ihnen bei der Bewältigung der Herausforderungen ihrer Umwelt helfen. Die Übung im Spiel bietet gute Möglichkeiten, Kindern erste räumliche Kenntnisse und Fähigkeiten zu vermitteln, hier Erfahrungen zu machen, die sie dann verinnerlichen können. Durch das Spiel entdecken Kinder Schritt für Schritt die Eigenschaften des Raumes, zuerst in Beziehung zum eigenen Körper und später dann in einem breiteren Kontext. Indirekt trainieren sie dabei die Beobachtung und Orientierung.
So erhalten sie eine umfassende räumliche Wahrnehmung. Körperbewegungen und Fortbewegung runden die Kenntnis und die Handhabung räumlicher Dimensionen ab und ermöglichen es dem Kind, Selbstsicherheit und Körperbewusstsein zu entwickeln. Die neu erworbenen Fähigkeiten der Bewegungssicherheit und Wahrnehmung helfen z.B dabei, unfallträchtige Situationen im Alltag der Kinder zu vermeiden.

Durchführung der Spiele

Um diese Raumspiele durchzuführen, müssen besondere Rahmenbedingungen geschaffen werden. Die Spiele sollten in einem großen Raum stattfinden, in dem sich die Kinder frei bewegen können und auf dessen Fußboden alle möglichen Fortbewegungsweisen möglich sind (springen, kriechen, laufen, barfuß gehen ...). Hierfür bietet sich ein Gymnastikraum oder die Turnhalle an.
Im Alter von vier bis sieben sollten Kinder lernen, mit verschiedensten Gegenständen umzugehen und sie von einem Ort zum anderen transportieren zu können, so dass ein zielgerichtetes Bewegen sowie die Orientierung im Raum möglich werden. Dabei besteht Ihre Aufgabe als ErzieherIn/LehrerIn darin, die Spiele zielgerichtet und motivierend zu organisieren und Möglichkeiten zu schaffen, damit die Kinder ihre Umgebung entdecken und ihr Vorstellungsvermögen weiter ausbauen. Zudem besteht sie darin, die Kinder während des Spiels zu beobachten, auf die individuellen Schwierigkeiten der Kinder zu achten und ggf. gezielte Fördermaßnahmen einzuleiten.

Zur Reihe: „Zwischen KiGa und Grundschule – Kinder lernen spielend"

Mit der Reihe „Zwischen KiGa und Grundschule – Kinder lernen spielend" erhalten Sie ein ideales und komplettes Lernsystem für Kinder zwischen vier bis sieben Jahren.

Folgender weiterer Band der Reihe ist erschienen:

Zeit, Zahlen, Rhythmus

Sonia Alins, Jordina Ros
4–7 J., 80 S., 21,5 x 28 cm,
Hardcover, vierfarbig
ISBN 3-86072-972-1
Best.-Nr. 2972
16,80 € (D)/
17,30 € (A)/29,40 CHF

Alle Spiele der beiden Bände enthalten Informationen über die Aufteilung der Mitspieler, benötigtes Material, die Beschaffenheit des Spielbereiches sowie die didaktischen Ziele. Und natürlich detaillierte Spielbeschreibungen mit schönen Bildern.

Das Besondere bei diesen Spielen in beiden Bänden ist der Lerneffekt bzw. die Auswirkung auf die körperliche und auch soziale Entwicklung der Kinder. Durch das Spielen und Bewegen machen die Kinder grundlegende Erfahrungen.
Abstrakte Inhalte werden durch sinnliches Erleben vorbereitet und vermittelt, wie z.B

- **Körperbewusstsein** (Gefühl für Körpergrenzen)
- **Gefühl für Entfernungen und Geschwindigkeiten**

- **Gefühl für Zeit oder die Dauer von Aktivitäten**
- **Gefühl für die Abfolge von Vorgängen**
- **rhythmisches und musikalisches Grundverständnis**
- **Zahlverständnis**

Diese Spiele unterstützen also die Kinder in ihrer Entwicklung und in ihrem Lernfortschritt und bereiten so auf wichtige fachliche Inhalte vor, die für Lebensalltag und Schulleben bedeutend sind: arithmetische und geometrische Inhalte, Uhrzeit, Orientierung in ihrer unmittelbaren Umgebung, Sicherheit im Straßenverkehr, musikalische, motorische und sprachliche Fähigkeiten, aber auch soziale Inhalte (Körpergrenzen kennen, Rücksichtnahme, Kooperation usw.).

Spiele zur Erkundung des Raumes

In der ersten Stufe setzen die Kinder sich mit sich selbst und ihrer unmittelbaren Umgebung auseinander. Die Spiele dienen zur Erforschung des Raumes und zur Verbesserung des eigenen Körperbewusstseins.

Ziele dieses Übungsteils sind:

- ▸▸ Körperteile lokalisieren
- ▸▸ Gegenstände lokalisieren und platzieren
- ▸▸ den Raum mit dem Körper füllen
- ▸▸ sich im Raum orientieren
- ▸▸ Wege im Raum nachvollziehen können

Mitspieler	pro Gruppe acht Kinder
Spielbereich	drei unterschiedliche Bereiche
Didaktische Ziele	• die Umgebung entdecken und beobachten
	• die Ausmaße und Beschaffenheit des Raumes erfassen und sich darin bewegen
	• Beobachtungsgabe und Gedächtnis fördern

 Die Kinder bilden Achtergruppen.

 Die Gruppen gehen die drei verschiedenen Bereiche ab.

 In jedem Bereich bleiben die Kinder eine Weile stehen und beobachten die Gegenstände, die es dort gibt.

 Wenn alle Kinder alle Stationen abgegangen sind und Räume und Gegenstände angeschaut haben, setzen sich die Gruppen im Halbkreis auf den Boden. Fragen Sie jedes Kind, was es beobachtet hat.

„Was hast du gesehen?"

Wilde Tiere

Mitspieler	pro Gruppe sechs Kinder
Benötigtes Material	Kreide oder Klebeband
Spielbereich	ein Raum wird in der Mitte geteilt
Didaktische Ziele	• den Raum durch unterschiedliche Fortbewegungsarten entdecken • die Fantasie anregen

❀ Unterteilen Sie den Raum in der Mitte mit einer Kreidelinie oder Klebeband.

❀ Immer ein Team bereitet sich auf das Spiel vor.

❀ Drei Kinder der Gruppe stellen sich vor, sie seien Tiere, die auf dem Boden leben. Diese Kinder gehen in die eine Spielhälfte.

❀ Die anderen drei imitieren fliegende Tiere und gehen auf die andere Seite.

❀ Auf Ihr Kommando hin bewegen sich die Tiere in ihrem jeweiligen Bereich hin und her.

❀ Auf ein weiteres Kommando hin tauschen die Tiere die Bereiche und bewegen sich dort weiter.

„Vorsicht, passt auf die anderen Tiere auf!"

So ein Durcheinander!

Mitspieler	unbegrenzte Anzahl
Benötigtes Material	Stühle, Tische, Kartons, Kunststoffkisten, Reifen, Bälle ...
Spielbereich	großer Raum
Didaktische Ziele	• sich sicher im Raum bewegen und seine Möglichkeiten nutzen • motorische Fähigkeiten verbessern

❀ Verteilen Sie mit Hilfe der Kinder im ganzen Raum die Gegenstände, die zum Spielen zur Verfügung stehen: Stühle, Kisten, Tische, Ringe und Bälle, etc. Die Kinder verteilen sich ebenfalls im Raum.

❀ Auf Ihr Kommando laufen alle Kinder durch den Raum und versuchen, weder mit den Gegenständen noch mit anderen Kindern zusammenzustoßen.

„Augen auf!"

Der ellenlange Wurm

Mitspieler	unbegrenzte Anzahl
Spielbereich	großer Raum
Didaktische Ziele	• Fortbewegung im Raum trainieren
	• Bewegungen in alle Richtungen ausführen

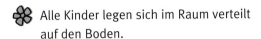

❀ Alle Kinder legen sich im Raum verteilt auf den Boden.

❀ Ein Kind ist der Kopf des Wurms. Es geht durch den ganzen Raum um die liegenden Kinder herum und legt sich dabei seine Hände auf den Kopf.

❀ Die Kinder machen weiter, bis nur noch ein liegendes Kind übrig ist. Dieses Kind ist der Schwanz des Wurms. Es steht auf und folgt den anderen, aber anstatt sich die Hände auf den Kopf zu legen, hält es sie nach hinten.

„Das letzte Kind ist das „Ende" vom Wurm!"

❀ Wenn der „Wurmkopf" neben einem Kind stehen bleibt, steht dieses auf, stellt sich hinter den „Wurmkopf" und legt sich ebenfalls die Hände auf den Kopf. So geht es weiter durch den ganzen Raum, in alle Winkel und Ecken.

Das kleine Quadrat

Mitspieler	vier Gruppen, pro Gruppe bis zu sechs Kinder
Benötigtes Material	ein Tamburin und Kreide oder Klebeband
Spielbereich	ein 4 x 4 m großes Quadrat auf dem Boden
Didaktisches Ziel	• sich innerhalb eines bestimmten Gebietes platzieren • innerhalb und außerhalb eines begrenzten Raumes agieren

Die Sechsergruppen stellen sich außerhalb des Quadrates an einer Begrenzungslinie auf. Sie stehen nebeneinander in einer Reihe und halten sich an der Hand, so dass die vier Gruppen ein Quadrat aus Kindern bilden.

Schlagen Sie das Tamburin und jedes Team, dessen Mitglieder sich an der Hand halten, macht einen Schritt nach vorne und stellt sich so in das Quadrat.

„Geht alle ins Quadrat!"

Schlagen Sie weiter das Tamburin und die Kinder gehen im Rhythmus weiter ins Quadrat hinein.

Der Herbst ist da

Mitspieler	paarweise
Benötigtes Material	ein Korb und Laub
Spielbereich	im Gebäude und im Freien
Didaktisches Ziel	den Unterschied zwischen einem offenen und einem geschlossenen Raum erfahren

❀ Die Kinder bilden im Gebäude Paare und stellen sich in einer Reihe auf. Das erste Paar trägt einen großen Korb.

❀ Alle gehen nach draußen, wo Sie vorher das Laub auf dem Boden verteilt haben. Die Paare trennen sich und die Kinder suchen das Laub auf und legen es in den Korb.

„Los, wir heben das ganze Laub auf!"

❀ Wenn der Korb voll ist, schließen sich die Paare wieder zusammen und gehen wieder hinein.

❀ Auf Ihre Anweisung hin lösen sich die Paare auf. Die Kinder holen das Laub aus dem Korb und verteilen es auf dem Boden, bis er völlig bedeckt ist.

❀ Auf ein neues Kommando hin sammeln die Kinder die Blätter wieder in den Korb. Sie gehen wieder paarweise zusammen und bringen die Blätter zurück nach draußen.

Mitspieler	unbegrenzte Anzahl
Benötigtes Material	rote, grüne, gelbe und weiße Pappe
Spielbereich	großer Raum
Didaktische Ziele	• die Umgebung entdecken • Bereiche nach Anweisung finden

✾ Alle Kinder setzen sich im Halbkreis auf einer Seite des Raumes auf den Boden.

✾ Verteilen Sie die Pappen an die Kinder und erklären Sie ihnen das Spiel.

„Hört gut zu!"

✾ Die Kinder, die eine gelbe Pappe haben, müssen diese in der Mitte des Raumes auf den Boden legen.

✾ Die Kinder mit den roten Pappen verteilen diese in den Ecken.

✾ Die mit grünen Pappen legen sie in die Bereiche zwischen den Ecken und der Raummitte.

✾ Und Kinder, die eine weiße Pappe haben, legen diese auf die frei gebliebenen Stellen.

Katzentreffen

Mitspieler	unbegrenzte Anzahl
Spielbereich	großer Raum
Didaktisches Ziel	Bewegungen am Boden üben, um sich in der direkten Umgebung sicher zu bewegen

 Alle Kinder stellen Katzen dar. Sie stehen im Vierfüßlerstand auf der einen Seite des Raumes und warten auf Ihr Kommando.

✿ Auf ein vorher abgesprochenes Zeichen hin krabbeln alle los und untersuchen schnuppernd den ganzen Raum.

„Beschnuppert jede Ecke!"

✿ Auf Ihren Hinweis stoppen alle Kinder und miauen ganz laut dreimal.

✿ Dann krabbeln sie weiter durch alle Ecken. Auf ein neues Kommando hin tun sie so, als würden sie das Kind neben sich abschlecken.

✿ Dann krabbeln sie weiter und legen sich langsam auf den Boden, als würden die Katzen schlafen. Dabei sollen sie den Raum gleichmäßig ausfüllen.

Der wackelige Hügel

Mitspieler	unbegrenzte Anzahl
Benötigtes Material	Kittel
Spielbereich	großer Raum
Didaktisches Ziel	üben, einen Raum mit Elementen zu füllen

 Die Kinder ziehen sich die Kittel aus, laufen in die Mitte des Raumes und legen sie übereinander auf den Boden.

„Legt sie alle auf einen Haufen!"

 Dann bilden sie einen Kreis um den Kleiderberg, fassen sich an den Händen und drehen sich im Kreis.

✿ Auf Ihre Anweisung hin löst sich der Kreis auf. Jedes Kind sucht seinen Kittel und breitet ihn auf dem Boden aus. Die Kinder sollen versuchen, mit ihren Kitteln den ganzen Boden zu bedecken.

✿ Das Spiel endet damit, dass jedes Kind seinen Kittel wieder anzieht.

Mitspieler	unbegrenzte Anzahl
Benötigtes Material	ein großer Pappkarton, noch nicht aufgeblasene Luftballons und Musik
Spielbereich	großer Raum
Didaktisches Ziel	sich sicher im Raum bewegen

 Stellen Sie den Pappkarton mit den Ballons in die Mitte des Raumes.

 Die Kinder setzen sich auf eine Raumseite. Auf Ihr Kommando hin stehen sie auf, gehen zum Karton und suchen sich einen Ballon aus.

„Welcher Ballon gefällt euch am besten?"

 Die Kinder setzen sich an ihren Platz zurück und blasen ihren Ballon auf.

 Auf Ihre Aufforderung hin stehen sie auf und versuchen, die Ballons in die Kiste zu legen.

„Jetzt legen wir die Ballons wieder in die Kiste!"

 Die Kinder tanzen nun zur Musik um die Ballons herum.

 Auf ein abgesprochenes Zeichen hin nimmt sich jedes Kind wieder seinen Ballon und bewegt sich damit im Rhythmus der Musik durch den ganzen Raum.

Gießkanne

Mitspieler	pro Gruppe sechs Kinder
Benötigtes Material	sechs Gießkannen, Wasser und Kreide
Spielbereich	im Gebäude und im Freien
Didaktische Ziele	• Fortbewegung mit Gegenständen durch den Raum üben • Raumwege wahrnehmen

❀ Jedes Kind einer Gruppe bekommt eine Gießkanne, geht damit nach draußen und gießt mit Wasser eine Linie auf den Boden.

„Gießt Linien auf den Boden!"

❀ Das nächste Team macht sich fertig und führt die gleiche Aktion durch. Und so geht es weiter, bis die Hälfte der Kinder an der Reihe war.

❀ Alle Kinder versammeln sich wieder im Raum. Die Kinder, die noch nicht an der Reihe waren, gehen raus und zeichnen die Wasserlinien mit Kreide nach.

Eine kurze Nacht

Mitspieler	unbegrenzte Anzahl
Benötigtes Material	Stoff oder Papier, um die Fenster abzudunkeln, Taschenlampen
Spielbereich	großer Raum
Didaktisches Ziel	räumliche Empfindungen wie Helligkeit und Dunkelheit erleben

✤ Die Kinder setzen sich auf einer Seite des Raumes in einen Halbkreis.

✤ Hängen Sie die Fenster mit Stoff oder Papier zu, so dass der Raum dunkel ist.

✤ Schalten Sie das Licht an und verteilen Sie an alle Kinder Taschenlampen. Schalten Sie dann das Licht aus.

✤ Alle machen ihre Taschenlampe an und stehen auf.

„Bitte macht eure Lampen an!"

✤ Auf Ihre Aufforderung hin gehen die Kinder durch den Raum. Mit der Taschenlampe leuchten sie sich den Weg und versuchen, nicht mit anderen Kindern zusammenzustoßen.

✤ Auf Ihren Hinweis hin setzen sich die Kinder wieder auf den Boden und machen die Taschenlampen aus. Still sollen sie hier die Dunkelheit beobachten.

„Bitte die Lampen aus!"

✤ Beenden Sie das Spiel, indem Sie das Licht wieder einschalten.

Der Urschrei

Mitspieler	unbegrenzte Anzahl
Benötigtes Material	Kreide oder Klebeband
Spielbereich	großer Raum
Didaktische Ziele	• besondere Eindrücke erleben • den Raum mit der eigenen Stimme ausfüllen

 Die Kinder setzen sich auf einer Seite des Raumes auf den Boden.

 Markieren Sie einen großen Kreis auf dem Boden.

 Ein Kind steht auf, stellt sich in die Mitte des Kreises und stößt einen Schrei aus. Ein Kind nach dem anderen tritt ebenfalls in den Kreis und stößt einen Schrei aus.

 Wenn alle Kinder im Kreis stehen, halten sie sich eng aneinander fest, so dass sie ein „Knäuel" bilden. Gemeinsam stoßen sie hier einen Urschrei aus.

„Wie laut könnt ihr schreien?"

Sackhüpfen

Mitspieler	unbegrenzte Anzahl
Benötigtes Material	große Säcke
Spielbereich	großer Raum
Didaktisches Ziel	den eigenen Körper und Gegenstände mit dem Raum in Beziehung setzen

❀ Geben Sie jedem Kind einen Sack.

❀ Auf Ihr Kommando hin steigen die Kinder in die Säcke und ziehen sie bis zu den Achseln hoch. Sie halten die Säcke fest und hüpfen durch den Raum.

❀ Auf ein neues Kommando hin stoppen die Kinder und verstecken sich in ihren Säcken, mit Ausnahme von einem Kind.

„Schnell, damit man uns nicht sieht!"

❀ Das Kind, das sich nicht versteckt hat, hüpft zwischen den Säcken herum, einmal an jedem Kind vorbei.

❀ Das Spiel ist beendet, wenn alle Kinder einmal alleine durch den Raum gehüpft sind.

Der Teppich

Mitspieler	unbegrenzte Anzahl
Spielbereich	großer Raum
Didaktisches Ziel	üben, sich gleichmäßig im Raum zu verteilen

❀ Die Kinder sitzen auf einer Seite des Spielfeldes.

❀ Wenn Sie ein Kommando geben, stehen alle Kinder auf, laufen los und legen sich verteilt im Raum auf den Bauch. Sie bleiben dort mit ausgebreiteten Armen und Beinen liegen.

❀ Ein Kind steht auf und läuft über die „Hindernisse" oder um sie herum, ohne ein Kind zu berühren.

„Vorsicht, niemanden treten!"

❀ Wenn das Kind den ganzen Raum abgegangen ist, legt es sich wieder auf seinen Platz.

❀ Das Spiel endet, wenn alle Kinder einmal an der Reihe waren.

Der bewegte Punkt

Mitspieler	unbegrenzte Anzahl
Benötigtes Material	Tafel und Kreide
Spielbereich	großer Raum
Didaktisches Ziel	die eigene Position im Raum zuordnen und sich orientieren

❀ Zeichnen Sie den Grundriss des Raumes an eine Tafel.

❀ Ein Kind geht an die Tafel und malt einen Punkt in den gezeichneten Grundriss.

❀ Nun versucht das Kind, sich im Raum auf die Stelle zu setzen, die es an der Tafel angezeichnet hat.

❀ Dann malt ein anderes Kind einen Punkt und setzt sich ebenfalls an die entsprechende Stelle im Raum.

„Verteilt euch im ganzen Raum!"

❀ Das Spiel ist zu Ende, wenn alle Kinder an der Tafel ihren Punkt gemalt und sich an die richtige Stelle im Raum gesetzt haben.

Tanzwettbewerb

Mitspieler	unbegrenzte Anzahl
Benötigtes Material	Kreide und Musik
Spielbereich	großer Raum
Didaktisches Ziel	sich in räumlich begrenzten Bereichen bewegen

 Zeichnen Sie mit Kreide einen Kreis in die Mitte des Raumes.

 Sobald Sie die Musik anschalten, beginnen die Kinder, sich durch den Raum zu bewegen. Dabei bleiben sie aber außerhalb des Kreises.

„Passt auf, dass ihr nicht in den Kreis tretet!"

 Die Musik stoppt und die Kinder laufen in den Kreis. Das letzte Kind, das in den Kreis kommt, scheidet aus.

 Wenn die Musik wieder erklingt, verlassen die Kinder den Kreis und beginnen zu tanzen.

 So geht es weiter, bis nur noch ein Kind tanzt.

Mitspieler	pro Gruppe sechs Kinder
Benötigtes Material	drei Stühle, ein Ball, eine Zeitung und ein Buch
Spielbereich	großer Raum
Didaktische Ziele	• einen Raum gestalten • Kreativität und Vorstellungsvermögen trainieren

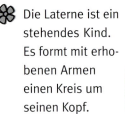 Die Kinder gestalten im Spielbereich einen Park, jede Gruppe auf ihre Weise. In diesem Park soll es einen Brunnen, eine Laterne, eine Bank und Kinder geben, die Ball spielen.

Der Brunnen wird von einem Kind dargestellt, das kniend die Hände zu einer Schale formt, als ob sie Wasser enthielten.

Die Laterne ist ein stehendes Kind. Es formt mit erhobenen Armen einen Kreis um seinen Kopf.

Drei nebeneinander stehende Stühle bilden die Bank. Dort sitzen zwei Kinder, die eine Zeitung und ein Buch lesen.

Die zwei übrigen Kinder können im noch freien Raum Ball spielen.

Eine Gruppe nach der anderen gestaltet ihren Park. Die anderen beobachten die Darstellung und versuchen, ihren Park anders aussehen zu lassen.

„Jeder Park soll anders aussehen!"

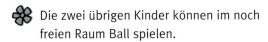

Hin und her

Mitspieler	pro Gruppe sechs Kinder
Benötigtes Material	Kreide oder Klebeband und ein Tamburin
Spielbereich	großer Raum
Didaktische Ziele	• räumliche Unterteilungen wahrnehmen • vorgegebene Körperbewegungen umsetzen und üben

❀ Teilen Sie den Spielbereich mit einer Linie in zwei gleich große Hälften.

❀ Es spielen zwei Gruppen. Jede Gruppe stellt sich in einer Hälfte auf.

❀ Die Kinder einer Gruppe gehen in ihrer jeweiligen Hälfte umher. Wenn Sie das Tamburin schlagen, wechseln die Kinder auf die andere Spielhälfte.

„Schnell, auf die andere Seite!"

❀ In ihrem neuen Spielbereich gehen sie wieder umher. Auf den zweiten Tamburinschlag hin wechseln sie die Seiten. Beim Wechsel hüpfen sie dabei auf einem Bein.

„Jetzt auf einem Bein!"

❀ Die Kinder gehen erneut umher und beim dritten Tamburinschlag wechseln sie wieder die Seite, diesmal flach auf dem Boden kriechend. Dort angekommen, gehen sie weiter.

Der Hai

Mitspieler	unbegrenzte Anzahl
Benötigtes Material	Schwimmringe
Spielbereich	großer Raum und im Freien
Didaktische Ziele	• den sicheren Umgang mit dem eingenommenen Raum üben • Vorstellungskraft fördern

 Jedes Kind bläst seinen Schwimmring auf.

 Mit den Schwimmringen um ihre Hüften gehen die Kinder im Spielbereich umher.

 Auf Ihr Kommando hin nehmen die Kinder ihre Schwimmringe ab und legen sie auf den Boden. Ohne die Ringe zu berühren, gehen sie weiter.

„Nicht auf die Ringe treten!"

 Ein Kind spielt den Hai. Es öffnet und schließt die Hände vor dem Mund, als ob es mit ihnen zubeißen würde. Dabei verfolgt es die anderen Kinder.

 Auf ein anderes Signal hin sollen die Kinder sich auf die Schwimmringe setzen. Der Hai versucht ein Kind zu fangen, bevor es seinen Reifen erreicht hat.

„Pass auf, der Hai fängt dich!"

 Das gefangene Kind wird der neue Hai. Der ehemalige Hai nimmt sich den freien Schwimmring und läuft wieder mit den anderen umher.

„Jetzt bist du der Hai!"

Das Spiel geht weiter, bis das letzte Kind von einem Hai gefangen wurde.

Mitspieler	unbegrenzte Anzahl
Benötigtes Material	Stühle
Spielbereich	ein großer Raum
Didaktisches Ziel	räumliche Begriffe wie „voll" und „leer", „drinnen" und „draußen" verstehen und erfahren

❊ Alle Kinder gehen hinter Ihnen in einer Reihe durch den Raum.

❊ Führen Sie die Kinder aus dem Raum heraus und lassen Sie sie von der Tür aus den nun leeren Raum betrachten.

❊ Leise gehen die Kinder wieder hinein. Dann bewegen sie sich frei durch den Bereich, erst aufrecht gehend, dann auf allen Vieren und schließlich flach auf dem Boden kriechend.

❊ Auf Ihr Kommando hin verlassen die Kinder wieder den Spielbereich. Anschließend nimmt sich jedes Kind einen Stuhl und stellt ihn beliebig im Raum ab. Von der Tür aus sollen die Kinder nun den Raum mit den leeren Stühlen betrachten.

„Alle wieder raus!"

❊ Auf ein neues Kommando hin kommen sie wieder herein und gehen langsam zwischen den Stühlen umher.

„Alle wieder rein!"

❊ Das Spiel ist zu Ende, wenn Sie die Kinder auffordern, die Stühle wieder herauszutragen und so den Raum leer zurücklassen.

Papierkinder

Mitspieler	unbegrenzte Anzahl
Benötigtes Material	Packpapier, höchstens 150 cm breit, Buntstifte
Spielbereich	großer Raum
Didaktisches Ziel	eigene Körperkonturen wahrnehmen

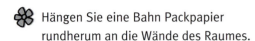

❋ Hängen Sie eine Bahn Packpapier rundherum an die Wände des Raumes.

❋ Die Kinder sitzen im Kreis in der Mitte des Raumes. Auf Ihr Kommando hin gehen sie zu den Wänden und stellen sich mit dem Rücken an das Papier.

„Nicht bewegen!"

❋ Die Kinder bleiben bewegungslos stehen, während Sie ihre Umrisse auf das Papier zeichnen. Wenn alle aufgemalt sind, setzen die Kinder sich wieder und betrachten ihre Silhouetten, die nun an den Wänden verteilt sind.

❋ Jedes Kind malt seiner Silhouette mit Buntstiften Gesicht und Kleidung.

„Was für schöne Papierkinder!"

Wurzeln

Mitspieler	unbegrenzte Anzahl
Spielbereich	großer Raum
Didaktische Ziele	• Anordnung und Verteilung im Raum üben
	• Vorstellungsvermögen trainieren

❀ Drei Kinder bilden in der Mitte des Raumes einen Kreis und umarmen sich. Sie stellen einen Baumstamm dar.

„Der Baumstamm muss ganz still stehen!"

❀ Drei weitere Kinder legen sich in verschiedenen Richtungen auf den Bauch, so dass sie mit den Köpfen den Baumansatz berühren. Sie sind die Wurzeln.

❀ Sechs Kinder halten sich, ebenfalls liegend, vorsichtig an den Beinen der drei ersten „Wurzeln" fest. Weitere Kinder schließen sich an diese sechs an, und so weiter.

❀ Auf diese Weise entstehen Reihen aus „wachsenden Baumwurzeln".

Gut verteilt

Mitspieler	unbegrenzte Anzahl
Spielbereich	großer Raum
Didaktische Ziele	• Anordnung und Verteilung im Raum üben
	• Vorstellungsvermögen trainieren

❀ Die Kinder laufen durch den Raum und folgen Ihren Anweisungen.

❀ Je nach der Anzahl, die Sie ansagen, schließen die Kinder sich in Gruppen zusammen und umarmen sich.

„Gruppe mit zwei Kindern ..., Gruppe mit sechs Kindern ..., Gruppe mit drei Kindern ...!"

❀ Nachdem die Kinder Gruppen gebildet haben, verteilen sie sich wieder im ganzen Spielbereich.

❀ Danach finden sie sich in der Raummitte zusammen, später auf einer Seite und schließlich in einer Ecke.

❀ Abschließend verteilen sie sich wieder frei im ganzen Raum.

Der gefälschte Himmel

Mitspieler	unbegrenzte Anzahl
Benötigtes Material	farbige Kreide
Spielbereich	ein großer Raum und ein großer Bereich im Freien
Didaktische Ziele	• den Unterschied zwischen einem offenen und einem geschlossenen Raum erfahren • Formen wahrnehmen und wiedergeben

 Gehen Sie mit den Kindern ins Freie.

 Die Kinder legen sich auf den Boden und beobachten den Himmel und die Wolken: Wie sie sich bewegen, ihre Formen und Größen, die Farben ...

„Wir schauen uns den Himmel genau an!"

 Verteilen Sie Kreide. Jedes Kind versucht, eine der Wolken, die es gesehen hat, auf den Boden zu zeichnen.

 Das Spiel endet mit der gemeinsamen Betrachtung der gezeichneten Wolken auf dem Boden, von einer Seite des Raumes aus.

Danach gehen alle hinein, legen sich auf den Boden und beobachten die Zimmerdecke.

„Und jetzt gucken wir uns die Decke an!"

Vogelscheuche

Mitspieler	unbegrenzte Anzahl
Spielbereich	großer Raum
Didaktische Ziele	• sich im Raum verteilen
	• Fortbewegung und Reaktionsfähigkeit üben

  Die Kinder verteilen sich im Spielbereich.

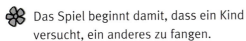 Das Spiel beginnt damit, dass ein Kind versucht, ein anderes zu fangen.

❀ Wenn es das schafft, bleibt das gefangene Kind mit ausgestreckten Armen und gespreizten Beinen stehen.

„Fang die Vogelscheuche!"

❀ Immer, wenn ein Kind gefangen wird, muss dieses laut sagen: „Ich bin eine Vogelscheuche!"

❀ Dann bleibt die Vogelscheuche regungslos stehen.

❀ Das Spiel ist zu Ende, wenn alle Kinder, bis auf eines, mit weit ausgestreckten Armen im Spielbereich verteilt stehen.

Röllchen

Mitspieler	unbegrenzte Anzahl
Spielbereich	großer Raum
Didaktisches Ziel	die Dimensionen des Raumes in der Fortbewegung erleben

❀ Alle Kinder sitzen auf einer Seite des Raumes und warten auf Ihre Anweisungen.

❀ Fordern Sie die Kinder auf, aufzustehen und sich frei durch den Raum zu bewegen.

❀ Danach weisen Sie die Kinder an, ihre Schritte zu beschleunigen und schließlich zu laufen.

❀ Wenn Sie plötzlich „Stopp!" rufen, sollen die Kinder sofort stehen bleiben, sich auf den Boden fallen lassen und sich durch den ganzen Raum rollen. Dabei müssen sie versuchen, nicht zusammenzustoßen.

„Wir rollen!"

Blindenhund

Mitspieler	paarweise
Benötigtes Material	ein Karton, ein kleiner Ball, vier Stühle, ein Tuch, um die Augen zu verbinden
Spielbereich	großer Raum
Didaktische Ziele	• üben, den Raum mit Objekten zu gestalten • sich unter Einschränkung in einem Raum mit Hindernissen fortbewegen

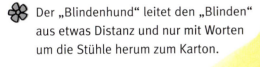 Ein Kind setzt sich auf den Boden. Ihm werden die Augen verbunden und es bekommt den Ball in die Hand.

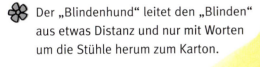 Sein Partner stellt die vier Stühle in einer Reihe mit Abständen dazwischen auf. Hinter dem letzten Stuhl platziert es den offenen Karton.

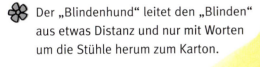 Das Kind mit den verbundenen Augen ist der „Blinde", das andere ist sein „Blindenhund".

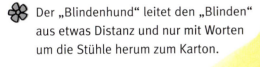 Der „Blindenhund" leitet den „Blinden" aus etwas Distanz und nur mit Worten um die Stühle herum zum Karton.

„Pass auf, dass er nicht gegen die Stühle läuft!"

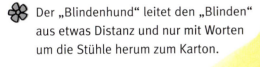 Das Spiel ist zu Ende, wenn das Kind mit den verbundenen Augen zum Karton gelangt ist und den Ball hineingeworfen hat.

Mitspieler	unbegrenzte Anzahl
Spielbereich	großer Raum
Didaktisches Ziel	Oberflächen durch Betrachten und Tasten entdecken

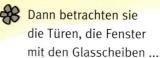 Dann betrachten sie die Türen, die Fenster mit den Glasscheiben ...

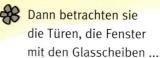 Wenn die Kinder die Untersuchungen abgeschlossen haben, setzen sie sich in einen Halbkreis und beantworten Ihre Fragen.

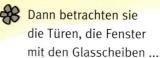 Gehen Sie mit den Kindern durch den Raum. Betrachten Sie gemeinsam, wie und aus welchen Materialien er gestaltet ist.

„Achtet auf alle Einzelheiten!"

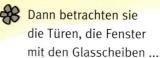 Fragen Sie die Kinder, aus welchem Material ihrer Meinung nach ein bestimmtes Element gemacht ist und wie es sich beim Betasten angefühlt hat.

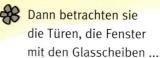 Zuerst berühren alle den Fußboden.

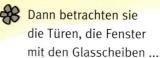 Danach untersuchen sie die Wände und berühren sie sanft mit den Händen, um ihre Oberfläche zu fühlen.

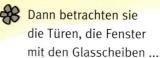 Abschließend stehen alle noch einmal auf, gehen frei durch den Raum und berühren noch einmal die unterschiedlichen Oberflächen.

Magnet

Mitspieler	unbegrenzte Anzahl
Benötigtes Material	Reifen, Stühle, Kisten, Matten ..., Musik
Spielbereich	großer Raum
Didaktisches Ziel	den Raum in der Fortbewegung und mit Einschränkungen entdecken

 Alle Gegenstände werden im Raum verteilt.

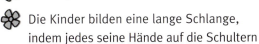 Die Kinder bilden eine lange Schlange, indem jedes seine Hände auf die Schultern des Vordermanns legt.

Die Schlange bewegt sich zum Klang der Musik durch den Raum um die Gegenstände herum oder über sie hinweg.

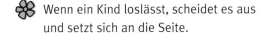 Wenn ein Kind loslässt, scheidet es aus und setzt sich an die Seite.

„Jan, du hast losgelassen! Du musst dich leider hinsetzen!"

Peng!

Mitspieler	unbegrenzte Anzahl
Benötigtes Material	aufgeblasene Ballons
Spielbereich	großer Raum
Didaktische Ziele	• kontrollierte Körperbewegung üben
	• Vorstellungskraft fördern

❀ Verteilen Sie einen aufgeblasenen Ballon an jedes Kind.

❀ Die Kinder sollen mit den Ballons im ganzen Raum spielen, mit ihnen herumlaufen, sie durch die Luft schnellen lassen ...

❀ Auf Ihre Aufforderung hin legen die Kinder den Ballon auf den Boden und setzen sich mit ihrer ganzen Kraft auf ihn, bis sie ihn zum Platzen gebracht haben.

„Los, lasst alle Ballons platzen!"

❀ Dann sollen die Kinder, ohne Ballons, im Raum herumlaufen und so tun, als ob sie immer noch mit den Ballons spielen.

Vier verspielte Ecken

Mitspieler	pro Gruppe vier Kinder
Spielbereich	großer Raum
Didaktisches Ziel	die Ausmaße und Beschaffenheit des Raumes erfassen, sich darin bewegen und orientieren

❁ Gehen Sie mit den Kindern in alle vier Ecken des Raumes.

❁ Nach der Betrachtung der Ecken teilen sich die Kinder in Vierergruppen auf. In jede Ecke stellt sich eine Vierergruppe. Die anderen setzen sich mit Ihnen an einer Seite, von den Ecken entfernt, auf den Boden.

❁ Geben Sie mit lauter Stimme das Startsignal.

„Auf die Plätze, fertig, los!"

❁ Die Vierergruppen laufen jeweils zur gegenüberliegenden Ecke und passen auf, dass sie nicht zusammenstoßen.

❁ Das Spiel ist zu Ende, wenn alle Vierergruppen an der Reihe waren.

Fliegende Bälle

Mitspieler	unbegrenzte Anzahl
Benötigtes Material	ein Ball
Spielbereich	großer Raum oder im Freien
Didaktische Ziele	• sich im Spielbereich verteilen • Geschicklichkeit üben

✿ Alle Kinder verteilen sich im Spielbereich.

✿ Werfen Sie den Ball in die Luft.

✿ Sobald ein Kind den Ball fängt, bleiben alle anderen starr stehen.

„Keiner bewegt sich!"

✿ Das Kind muss mit dem Ball in den Händen durch den ganzen Bereich laufen und den erstarrten Kindern ausweichen.

✿ Danach gibt es Ihnen den Ball zurück und Sie werfen ihn wieder in die Höhe. So geht es weiter, bis alle Kinder einmal mit dem Ball gelaufen sind.

Leise!

Mitspieler	unbegrenzte Anzahl
Spielbereich	großer Raum
Didaktisches Ziel	Geräusche und Stille im Raum wahrnehmen

 Die Kinder verteilen sich im ganzen Raum und legen sich auf den Boden.

 Wenn Sie „Leise!" rufen, stehen sie langsam auf und gehen geräuschlos auf Zehenspitzen durch den Raum. Dabei bewegen sie den ganzen Körper.

„Leise!"

 Wenn Sie aber „Laut!" rufen, ändern sie ihr Verhalten: Sie sprechen, singen, schreien und laufen schnell, mit ruckartigen Bewegungen.

„Laut!"

 Teilen Sie zum Schluss die Kinder in zwei Gruppen. Eine Gruppe setzt sich an die Seite des Raumes und schaut der anderen zu, wie sie das Spiel durchführt.

Weiße Füße

Mitspieler	unbegrenzte Anzahl
Benötigtes Material	Klebeband, Handtücher und Mehl
Spielbereich	im Freien
Didaktische Ziele	• Bewegung im begrenzten Raum üben • verschiedene Raumwege sehen und verfolgen

✿ Grenzen Sie einen großen Kreis auf dem Spielfeld ab.

✿ Verteilen Sie das Mehl im ganzen Kreis.

✿ Die Kinder sitzen auf einer Seite des Spielfeldes und ziehen sich Schuhe und Strümpfe aus.

✿ Nacheinander treten sie in den Kreis und zeichnen mit schleifendem Gang Wege in alle Richtungen, ohne aus dem Kreis herauszutreten.

„Immer im Kreis bleiben!"

✿ Am Ende treten die Kinder aus dem Kreis und betrachten die Spuren, die sie im Mehl hinterlassen haben und machen dann ihre Füße wieder sauber.

Spiele für die räumliche Vorstellung

In der zweiten Stufe sollen die Kinder ihre bisherigen Wahrnehmungserfahrungen abstrahieren lernen. Sie setzen den eigenen Körper in Beziehung zum Raum und erlernen so Richtungen und Positionen.

Ziele dieses Übungsteils sind:

▸▸ Erkennen der Größe von Gegenständen
▸▸ Erkennen der Lage von Gegenständen
▸▸ Erlernen der Bewegungsoptionen
(hoch–runter, hinein–heraus, groß–klein ...)

Hinein und heraus

Mitspieler	pro Gruppe sechs Kinder
Benötigtes Material	Kartons in unterschiedlicher Größe
Spielbereich	großer Raum
Didaktische Ziele	• räumliche Ausmaße in Beziehung zum eigenen Körper setzen • Entdeckung von unterschiedlichen Raumlagen

 Verteilen Sie die Kartons im Raum.

 Bilden Sie Sechsergruppen.

 Das erste Team steht auf. Jedes Kind stellt sich neben einen Karton.

„Nur einen Karton für jedes Kind!"

 Auf Ihre Aufforderung hin werden folgende Aktionen durchgeführt: in den Karton steigen, herausklettern und ihn durch den Raum bewegen.

 Das Spiel ist zu Ende, wenn alle Gruppen die Aktionen durchgeführt haben.

Ein Gespenst!

Mitspieler	unbegrenzte Anzahl
Benötigtes Material	eine großes Stoffstück und Musik
Spielbereich	großer Raum
Didaktisches Ziel	unterschiedliche Raumlagen wie „unter" oder „neben" etc. erfahren

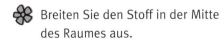 Breiten Sie den Stoff in der Mitte des Raumes aus.

 Die Kinder sitzen auf einer Seite.

 Sie stehen auf und stellen sich um den Stoff.

 Auf Ihre Anweisung hin nehmen sie den Stoff und heben ihn einen halben Meter vom Boden hoch.

„Nicht loslassen!"

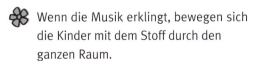 Wenn die Musik erklingt, bewegen sich die Kinder mit dem Stoff durch den ganzen Raum.

 Wenn Sie die Musik anhalten, verstecken sie sich schnell unter dem Stoff.

 Wenn Sie die Musik wieder anschalten, halten alle den Stoff hinter dem Rücken fest und gehen so unter dem Stoff durch den Raum.

Wasser und Sand

Mitspieler	unbegrenzte Anzahl
Benötigtes Material	drei Eimer: einer mit Sand und zwei mit Wasser gefüllt
Spielbereich	im Freien
Didaktisches Ziel	räumliche Anordnung durch die Arbeit mit Materialien üben

 Alle Kinder setzen sich an eine Seite des Spielbereiches und ziehen sich Schuhe und Strümpfe aus.

 Auf Ihre Aufforderung hin stecken alle Kinder der Reihe nach die Füße in den ersten Wassereimer und dann in den Sandeimer.

„Die Beine sollen schön voll Sand sein!"

 Die Kinder tauchen wieder ihre Füße ins Wasser, diesmal in den zweiten Wassereimer und waschen sich so den Sand ab.

Das Spiel ist zu Ende, wenn die Kinder sich wieder mit sauberen Füßen auf den Boden setzen.

 Halten Sie den Sandeimer und die zwei Wassereimer bereit.

 Die Kinder stehen auf und stellen sich in eine Reihe.

Gefangen!

Mitspieler	pro Gruppe drei Kinder
Benötigtes Material	Musik
Spielbereich	großer Raum
Didaktisches Ziel	unterschiedliche Raumlagen wie „innen" und „außen" mit Hilfe eigener Körpererfahrung trainieren

 Die Dreiergruppen verteilen sich im Spielbereich, bilden kleine Kreise und halten sich an der Hand.

 Schalten Sie die Musik ein. Die Kinder tanzen dazu.

„Tanzt alle zur Musik!"

 Auf Ihre Aufforderung hin stellt sich ein Kind in die Mitte des Kreises.

 Die anderen zwei tanzen weiter. Sie halten sich an den Händen, während das Kind in der Mitte versucht, nicht mit seinen Spielkameraden zusammenzustoßen.

 Das Spiel endet, wenn alle Gruppenmitglieder in der Mitte getanzt haben.

Der schrumpfende Riese

Mitspieler	unbegrenzte Anzahl
Spielbereich	großer Raum
Didaktisches Ziel	Konzepte „offen" und „geschlossen" durch eigene Körpererfahrungen weiterentwickeln

✿ Die Kinder gehen durch den ganzen Raum und weichen einander aus.

✿ Auf Ihre Aufforderung hin bleiben sie stehen. Sie strecken Arme und Beine aus und öffnen Handflächen, Mund und Augen.

„Macht alles weit auf!"

✿ Die Kinder gehen mit dieser Körperhaltung durch den Raum und weichen einander wieder aus.

✿ Auf das nächste Kommando hin „schrumpfen" die Kinder.

✿ Sie ziehen die Arme mit fest geschlossenen Fäusten an den Körper, schließen die Beine, krümmen den Rücken und schließen Mund und Augen.

✿ So gehen sie durch den Raum, vorsichtig, um nicht zusammenzustoßen.

✿ Wiederholen Sie die Kommandos, aber jedes Mal schneller.

„Auf, zu! ... Auf, zu!"

Linienspringen

Mitspieler	unbegrenzte Anzahl
Benötigtes Material	1,5 m lange Bänder, Musik
Spielbereich	großer Raum
Didaktisches Ziel	unterschiedliche Körperhaltungen und Bewegungsrichtungen entdecken

✿ Die Kinder sind im ganzen Raum verteilt.

✿ Alle halten ein Band in der Hand. Wenn die Musik erklingt, bewegen sie es und tanzen umher.

✿ Stoppen Sie die Musik. Jedes Kind legt sein Band auf den Boden und formt einen Kreis damit.

✿ Schalten Sie die Musik wieder ein. Die Kinder tanzen wieder und versuchen, nicht auf die Bänder zu treten.

✿ Wenn jetzt die Musik stoppt, legen sie die Bänder in Form einer geraden Linie.

„Achtung! Tretet nicht auf die Bänder!"

✿ Im Rhythmus der Musik springen die Kinder über die Linien, die im ganzen Raum verteilt sind.

✿ Wenn ein Kind auf ein Band tritt, scheidet es aus.

Mitspieler	unbegrenzte Anzahl
Benötigtes Material	Kreide oder Klebeband
Spielbereich	großer Raum
Didaktische Ziele	• unterschiedliche Raumlinien wahrnehmen • Raumausdehnungen wie „lang" und „kurz" durch Fortbewegung wahrnehmen

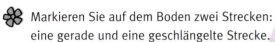 Markieren Sie auf dem Boden zwei Strecken: eine gerade und eine geschlängelte Strecke.

❀ Die Kinder teilen sich in zwei Gruppen auf, die sich in einer Reihe an den Anfang jeweils eines Linienparcours stellen.

❀ Nacheinander messen die Kinder der einen Gruppe die Länge der geraden Strecke in Schritten ab.

 Die andere Gruppe misst den geschlängelten Weg, indem sie einen Fuß direkt vor den anderen stellt.

„Zählt genau, wie viele Füße der Weg lang ist!"

 Wenn beide Strecken abgemessen sind, wird verglichen, wie viele Schritte bzw. Fußlängen jedes Kind gezählt hat.

 Die Kinder wiederholen die Vermessung, aber mit veränderter Technik: Dieses Mal wird der gerade Weg mit Fußlängen und der geschlängelte mit Schritten gemessen.

Froschhüpfen

Mitspieler	unbegrenzte Anzahl
Benötigtes Material	Kreide oder Klebeband
Spielbereich	großer Raum
Didaktisches Ziel	Raumausdehnungen wie „lang" und „kurz" durch Fortbewegung wahrnehmen

 Es werden zwei gleich große Gruppen gebildet. Die eine setzt sich auf den Boden und die andere beginnt das Spiel.

 Zeichnen Sie auf den Boden einen geraden Weg und eine Startlinie.

 Das erste Kind macht von der Startlinie aus einen Sprung mit geschlossenen Beinen und bleibt stehen, wo es gelandet ist.

„Lasst die Füße zusammen!"

 Ein Kind aus der anderen, am Boden sitzenden Gruppe steht auf und stellt sich neben den Weg, so dass es die Sprungweite des ersten Kindes markiert.

 So geht es weiter, bis alle Kinder der ersten Gruppe gesprungen sind.

 Das Spiel ist zu Ende, wenn auch jedes Kind der zweiten Gruppe seinen Froschsprung gemacht hat.

Taktstöckchen

Mitspieler	unbegrenzte Anzahl
Benötigtes Material	drei Stäbe: ein kurzer, ein mittlerer und ein langer
Spielbereich	großer Raum
Didaktisches Ziel	Raumausdehnungen wie „lang" und „kurz" anhand von Gegenständen wahrnehmen

 Die Intensität des Tons richtet sich also nach der Länge des Stäbchens.

„Guckt genau, wie lang das Stäbchen ist!"

 Danach stehen alle Kinder auf und führen zu ihrem Geräusch auch Bewegungen aus.

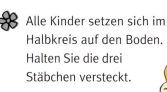 Alle Kinder setzen sich im Halbkreis auf den Boden. Halten Sie die drei Stäbchen versteckt.

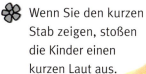 Wenn Sie den kurzen Stab zeigen, stoßen die Kinder einen kurzen Laut aus.

 Wenn Sie den langen Stab zeigen, machen die Kinder einen langen Laut.

Mitspieler	unbegrenzte Anzahl
Benötigtes Material	Kreide oder Klebeband
Spielbereich	großer Raum
Didaktisches Ziel	die Konzepte „voll" und „leer" in Beziehung zum Raum wahrnehmen

❀ Markieren Sie ein 2 x 2 m großes Quadrat auf dem Boden.

❀ Die Kinder sitzen an einer Seite des Spielfeldes auf dem Boden.

❀ Zeigen Sie auf ein Kind. Dieses steht auf, geht in das Quadrat und setzt sich hinein.

❀ So geht es weiter, bis alle Kinder im Quadrat sitzen und es voll ist.

„Auf dem Boden soll kein Platz mehr frei sein!"

❀ Das Spiel ist zu Ende, wenn das Quadrat auf die gleiche Weise, wie es gefüllt wurde, wieder leer gemacht wurde und alle Kinder daneben auf dem Boden sitzen.

Wasserspaß

Mitspieler	unbegrenzte Anzahl
Benötigtes Material	Plastikbecher, Wasserschlauch, Wassereimer, Badekleidung
Spielbereich	im Freien mit viel Platz
Didaktisches Ziel	anhand des Spiels mit Wasser die räumlichen Konzepte „voll" und „leer" trainieren

❀ Alle Kinder verteilen sich im Spielbereich.

❀ Geben Sie jedem Kind einen Plastikbecher.

❀ An der Seite liegt ein angeschlossener Wasserschlauch bereit.

❀ Spritzen Sie die Kinder mit dem Wasserschlauch nass.

❀ Die Kinder müssen versuchen, ihre Plastikbecher mit Wasser zu füllen.

„Euer Becher muss ganz voll sein, bevor ihr ihn auskippt!"

❀ Wenn ein Kind seinen Becher mit Wasser gefüllt hat, entleert es ihn in einen Wassereimer, den Sie hinter sich bereitgestellt haben.

❀ Das Spiel ist zu Ende, wenn der Eimer voll Wasser ist.

Mitspieler	unbegrenzte Anzahl
Benötigtes Material	ein großer Karton und Luftballons
Spielbereich	großer Raum
Didaktische Ziele	• anhand körperlicher Veränderungen räumliche Dimensionen mit dem Körper in Verbindung bringen • Vorstellungskraft entwickeln

❀ Geben Sie jedem Kind einen noch nicht aufgeblasenen Ballon.

❀ Die Kinder sollen die Ballons nun vorsichtig aufpusten und sie dann in den Karton legen, der in der Mitte des Raumes steht.

❀ Jedes Kind denkt sich ein Gericht aus, das es laut nennt, wenn Sie es fragen.

„Was isst du am liebsten?"

❀ Dann geht es zum Karton und steckt sich einen Ballon unter den Pullover. Wenn alle Kinder ihr Lieblingsgericht genannt haben und einen Ballon vor dem Bauch tragen, gehen sie langsam umher, als ob ihr Körper ganz schwer wäre.

❀ Auf Ihre Aufforderung hin legen sie den Ballon wieder in den Karton.

❀ Das Spiel ist zu Ende, wenn alle Ballons wieder verstaut sind.

Wachsfigurenkabinett

Mitspieler	pro Gruppe sechs Kinder
Benötigtes Material	Zeitschriften, Scheren und ein Karton
Spielbereich	großer Raum
Didaktische Ziele	• Körperbewegung kontrollieren • räumliche Dimensionen mit dem eigenen Körper in Beziehung setzen • Beobachtung trainieren

❁ Setzen Sie sich mit den Kindern in einen Kreis. Die Kinder suchen in den Zeitschriften Bilder von Personen mit unterschiedlicher Körperhaltung und schneiden sie aus.

❁ Die ausgeschnittenen Bilder werden in den Karton gelegt, der in der Raummitte steht.

❁ Sechs Kinder bilden eine Gruppe. Jedes geht zum Karton und wählt eins der ausgeschnittenen Bilder aus.

❁ Dann verteilen sich die sechs Kinder im ganzen Raum, stellen die Körperhaltung der ausgewählten Abbildung nach und verharren starr in dieser Position.

❁ Die anderen gehen zwischen den unbeweglichen „Standbildern" umher, als ob sie Museumsbesucher wären, die Skulpturen bewundern.

„Nicht anfassen!"

❁ Das Spiel endet, wenn alle Kinder einmal Statuen waren.

Was für ein Unterschied!

Mitspieler	unbegrenzte Anzahl
Spielbereich	großer Raum
Didaktisches Ziel	die Raumausdehnung „groß" und „klein" durch Körperbewegung wahrnehmen

✿ Die Kinder verteilen sich im Raum und gehen auf Zehenspitzen und mit hoch gestreckten Armen umher.

✿ Auf Ihre Aufforderung hin gehen einige Kinder in die Hocke und bewegen sich so fort.

„Mona, geh' in die Hocke!"

✿ Auf ein neues Kommando hin erstarren alle, die einen in der Hocke, die anderen auf Zehenspitzen (wenn sie können).

✿ Sie schauen sich gegenseitig an, um den Unterschied zwischen „sehr groß sein" und „ganz klein sein" zu sehen.

Hoch hinaus!

Mitspieler	unbegrenzte Anzahl
Benötigtes Material	ein 1,5 m langes Seil oder eine Zauberschnur
Spielbereich	großer Raum
Didaktische Ziele	• die Raumausdehnung „hoch" und „tief" wahrnehmen • körperliche Geschicklichkeit üben

❀ Das Seil wird in der Mitte des Raumes auf den Boden gelegt.

❀ Die Kinder stellen sich in einer Reihe hintereinander auf.

❀ Sie springen nacheinander über das Seil und versuchen, es nicht zu berühren.

❀ Zwei Kinder nehmen nun das Seil an den Enden und halten es eine Handbreit vom Boden gespannt.

„Haltet das Seil ein bisschen höher!"

❀ Die Kinder bilden wieder eine Reihe und springen über das Seil, das jetzt etwas Abstand zum Boden hat.

❀ Das Seil wird immer höher gehalten und die Kinder springen weiter nacheinander darüber.

❀ Wer das Seil berührt oder darüber stolpert, scheidet aus.

❀ Gewinner ist das Kind, das am höchsten gesprungen ist.

Mitspieler	unbegrenzte Anzahl
Spielbereich	im Gebäude und im Freien
Didaktisches Ziel	die Raumausdehnung „dick" und „dünn" am eigenen Körper, am Körper anderer und an verschiedenen Materialien erfahren

 Die Kinder verteilen sich im Raum.

 Auf Ihre Aufforderung hin umarmt sich jedes Kind selbst und beobachtet, wie weit seine Arme den Körper umschließen.

„Macht die Arme so lang wie möglich!"

 Die Kinder beginnen, in dieser Haltung umherzugehen.

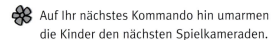 Auf Ihr nächstes Kommando hin umarmen die Kinder den nächsten Spielkameraden.

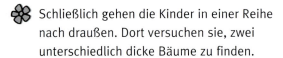 Schließlich gehen die Kinder in einer Reihe nach draußen. Dort versuchen sie, zwei unterschiedlich dicke Bäume zu finden.

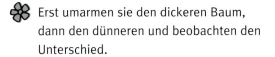 Erst umarmen sie den dickeren Baum, dann den dünneren und beobachten den Unterschied.

Riesenkinder

Mitspieler	unbegrenzte Anzahl
Benötigtes Material	Stühle
Spielbereich	großer Raum
Didaktisches Ziel	durch den Umgang mit Gegenständen unterschiedliche Raumlagen wahrnehmen

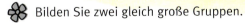 Bilden Sie zwei gleich große Gruppen.

 Stellen Sie für jedes Kind Stühle nebeneinander auf.

Auf Ihr Kommando hin setzen sich die Kinder der ersten Gruppe auf die Stühle.

Die Kinder der anderen Gruppe setzen sich auf den Boden, jedes vor ein Kind, das auf einem Stuhl sitzt.

 Auf eine neue Aufforderung hin stellen sich die Kinder mit Stuhl auf die Sitzflächen.

„Stellt euch auf den Stuhl!"

 Das Spiel geht mit getauschten Rollen weiter. Die zweite Gruppe führt die gleichen Handlungen durch wie die erste.

Hüpfende Ballons

Mitspieler	pro Gruppe vier Kinder
Benötigtes Material	rote, grüne, gelbe und blaue Ballons und Musik
Spielbereich	großer Raum
Didaktisches Ziel	die Dimensionen des Raumes durch Bewegung mit einem Gegenstand erleben

❀ Bilden Sie Vierergruppen und geben Sie den Kindern Ballons. Jede Gruppe erhält eine andere Farbe.

❀ Die Kinder verteilen sich mit ihren Ballons im Raum.

❀ Schalten Sie Musik ein. Die Kinder tanzen mit ihren Ballons.

❀ Wenn die Musik stoppt, werfen die Kinder die Ballons in die Luft und fangen sie wieder.

„Der Ballon darf nicht auf den Boden fallen!"

❀ Das Kind, dessen Ballon den Boden berührt, scheidet aus.

❀ Es gewinnt die Gruppe, von der am meisten Spieler übrig bleiben.

Reifen in Bewegung

Mitspieler	unbegrenzte Anzahl
Benötigtes Material	Reifen
Spielbereich	großer Raum
Didaktisches Ziel	die Raumlagen „davor" und „dahinter" wahrnehmen

❀ Auf einer Seite des Raumes stellen sich die Kinder in einer Reihe auf.

❀ Im übrigen Bereich liegen die Reifen verteilt.

❀ Auf Ihre Aufforderung hin sucht sich jedes Kind einen Reifen und legt ihn an einen anderen Reifen, so dass eine Reihe entsteht.

❀ Wenn die Reihe fertig ist, stellt sich jedes Kind in die Mitte seines Reifens.

❀ Geben Sie zwei unterschiedliche Kommandos, die die Kinder ausführen sollen.

„Vor den Reifen! Hinter den Reifen!"

❀ Wiederholen Sie die Kommandos in immer schnellerer Abfolge.

Gefährliche Landstraßen

Mitspieler	unbegrenzte Anzahl
Benötigtes Material	rotes, gelbes und grünes Klebeband und Schminke in den gleichen Farben
Spielbereich	großer Raum
Didaktisches Ziel	die Raumausdehnungen „breit" und „schmal" wahrnehmen

✿ Markieren Sie mit Klebeband drei Wege unterschiedlicher Breite.

✿ Der erste Weg wird mit grünem Klebeband geklebt und ist 20 cm breit.

✿ Der zweite Weg, aus gelbem Klebeband, ist 50 cm breit.

✿ Den dritten Weg markieren Sie mit rotem Klebeband. Er ist 1 m breit.

✿ Bilden Sie drei Gruppen.

✿ Die Kinder der ersten Gruppe malen sich grüne Streifen ins Gesicht und laufen den grünen Weg ab, indem sie Fahrrad fahren imitieren.

✿ Die zweite Gruppe, mit gelben Streifen, geht den gelben Weg entlang und macht Autofahrer nach.

✿ Die Kinder der dritten Gruppe malen sich rote Streifen und gehen als LKW-Fahrer den roten Weg ab.

✿ Auf Ihr Kommando hin wechseln die Kinder die Fahrbahn: Die Fahrräder nehmen die Autostraße, die Autos fahren auf der LKW-Fahrspur und die Lastwagen wechseln auf den Fahrradweg.

„Was für ein Unterschied zwischen der schmalen und der breiten Straße!"

Freche Fähnchen

Mitspieler	unbegrenzte Anzahl
Benötigtes Material	rote und weiße Fähnchen
Spielbereich	großer Raum
Didaktisches Ziel	Raumlagen wie „davor" und „dahinter" wahrnehmen

 Die Kinder bilden zwei Gruppen.

 Teilen Sie an die eine Gruppe die roten und an die andere Gruppe die weißen Fähnchen aus.

 Alle Kinder müssen gut auf Ihre Anweisungen achten.

 Ein Kind mit einem weißen Fähnchen stellt sich in die Mitte des Raumes.

 Vor dieses Kind stellt sich ein anderes mit einem roten Fähnchen.

 Ein weiteres, ebenfalls mit rotem Fähnchen, stellt sich hinter das Kind mit dem weißen Fähnchen.

 Danach verteilen sich zwei Kinder mit weißen Fähnchen genauso: Eins stellt sich davor, eins dahinter.

„Davor und dahinter!"

 So geht es weiter, so dass die Kinder eine Kette aus Fähnchen bilden, die die Farben wechseln.

 Auf Ihre Aufforderung hin heben die Kinder die Fahnen und schwenken sie, gehen im Raum umher und versuchen, die Kette nicht zerreißen zu lassen.

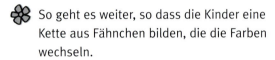

Streifenteppich

Mitspieler	unbegrenzte Anzahl
Benötigtes Material	Bleistift und Papierbögen
Spielbereich	großer Raum
Didaktisches Ziel	die unterschiedlichen Raumlinien „waagerecht" und „senkrecht" wahrnehmen

❀ Die Kinder setzen sich im Halbkreis auf den Boden.

❀ Erklären Sie die Richtung gerader Linien: Waagerecht und senkrecht.

❀ Verteilen Sie dann an jedes Kind zwei Blatt Papier und einen Bleistift.

❀ Auf ein Blatt zeichnen die Kinder waagerechte Linien mit etwa 5 cm Abstand.

„Jetzt waagerecht!"

❀ Auf das andere Blatt malen sie senkrechte Linien mit denselben Abständen.

„Jetzt senkrecht!"

❀ Danach falten sie die Blätter an den gezeichneten Linien.

❀ Zum Schluss stellen die Kinder die Linien auf den Blättern in großer Dimension nach: Sie legen sich auf den Boden, einige in senkrechter Position, andere in der Waagerechten.

Streck dich!

Mitspieler	unbegrenzte Anzahl
Benötigtes Material	ein Schaumstoffball
Spielbereich	großer Raum
Didaktisches Ziel	mit Gegenständen arbeiten, um unterschiedliche Körperhaltungen und Bewegungsrichtungen zu entdecken

❀ Alle Kinder stellen sich in einer langen Reihe auf.

❀ Auf Ihre Aufforderung hin heben die Kinder die Arme in die Luft und spreizen die Beine weit auseinander.

❀ Geben Sie dem ersten Kind einen Schaumstoffball. Es gibt den Ball mit gestreckten Armen über seinen Kopf an das Kind hinter sich weiter.

❀ Dieses gibt ihn wieder nach hinten weiter und so wandert der Ball bis zum letzten Kind.

„Nach hinten!"

❀ Auf Ihr Kommando hin nehmen alle Kinder die Arme herunter und lassen sie an den Beinen hinunterhängen. Der Rücken soll aber gerade bleiben.

❀ Das letzte Kind, das nun den Ball hat, gibt ihn durch seine Beine hindurch an das Kind davor und dieses nimmt ihn mit gestreckten Armen entgegen.

„Nach vorne!"

❀ Das Spiel ist zu Ende, wenn das erste Kind wieder den Ball hat.

Getroffen!

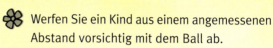

Mitspieler	unbegrenzte Anzahl
Benötigtes Material	ein mittelgroßer Ball
Spielbereich	großer Raum
Didaktisches Ziel	den eigenen Körper mit der räumlichen Umgebung in Beziehung setzen

 Die Kinder stellen sich nebeneinander, so dass sie eine Mauer bilden.

❊ Werfen Sie ein Kind aus einem angemessenen Abstand vorsichtig mit dem Ball ab.

❊ Das getroffene Kind wirft sich sofort auf den Boden und bleibt dort ausgestreckt liegen.

„Getroffen! Du musst dich hinlegen!"

❊ Das Spiel ist zu Ende, wenn alle Kinder auf dem Boden liegen.

❊ Das Spiel kann auch mit einem der Kinder als Werfer wiederholt werden.

Das Stäbchen

Mitspieler	unbegrenzte Anzahl
Spielbereich	großer Raum
Didaktisches Ziel	Positionen und Raumrichtungen am eigenen Körper erfahren

❊ Die Kinder verteilen sich im Raum und achten auf Ihre Anweisungen.

❊ Je nach Anweisung gehen sie entweder mit unbewegten, eng am Körper gehaltenen Armen vorwärts oder sie wechseln die Richtung und gehen, auch mit unbewegten Armen, rückwärts.

❊ Später können Sie die Übung variieren. Zum Beispiel können die Kinder sich mit dem Rücken auf den Boden legen. Dabei schieben sie sich mit den Beinen (ohne Arme) von der Stelle.

❊ Und zuletzt können sie sich umdrehen und auf dem Bauch vorwärts schlängeln. Sie benutzen dabei weiterhin nicht die Arme, sondern halten sie eng am Körper.

Eins, zwei, drei

Mitspieler	unbegrenzte Anzahl
Spielbereich	viel Patz, drinnen oder draußen
Didaktische Ziele	• Raumausdehnungen „weit" und „nah" wahrnehmen
	• Aufmerksamkeit und Geschicklichkeit üben

❀ Ein Kind stellt sich mit dem Gesicht zur Wand.

❀ Der Rest stellt sich auf der anderen Seite des Bereiches in einer Reihe nebeneinander auf.

❀ Das einzelne Kind schlägt mit der Handfläche dreimal an die Wand und sagt dabei: „Eins, zwei, drei, kommt herbei!"

❀ Während es das sagt, nähern sich die anderen Kinder der Wand.

❀ Wenn das Kind den Satz ausgesprochen hat, dreht es sich um. Wenn es sieht, wie sich ein anderes Kind noch bewegt, schickt es dieses zum Start zurück.

„Bleibt ganz still stehen!"

❀ Das erste Kind, das die Wand erreicht, hat gewonnen. Es bleibt mit dem Gesicht zur Wand stehen und das Spiel geht von vorne los.

Tamburinklänge

Mitspieler	unbegrenzte Anzahl
Benötigtes Material	ein Tuch zum Verbinden der Augen und ein Tamburin
Spielbereich	großer Raum
Didaktische Ziele	• die auditive Wahrnehmung und räumliche Orientierung trainieren • die Raumausdehnungen „weit" und „nah" vertiefen

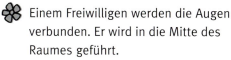 Einem Freiwilligen werden die Augen verbunden. Er wird in die Mitte des Raumes geführt.

 Der Rest sitzt an einer Seite des Raumes.

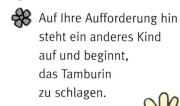 Auf Ihre Aufforderung hin steht ein anderes Kind auf und beginnt, das Tamburin zu schlagen.

 Das Kind mit verbundenen Augen lauscht auf den Klang des Tamburins und versucht, sich ihm zu nähern.

„Marc, hörst du, wo das Tamburin ist?"

 Die anderen Kinder helfen ihm mit den Hinweisen „weit" und „nah".

 Alle Kinder sollen einmal mitspielen, entweder am Tamburin oder mit verbundenen Augen.

Das Sandsäckchen

Mitspieler	unbegrenzte Anzahl
Benötigtes Material	Kreide und ein Sandsäckchen
Spielbereich	großer Raum
Didaktische Ziele	• die Raumausdehnungen „weit" und „nah" vertiefen
	• Werfen und Geschicklichkeit üben

❋ Zeichnen Sie drei parallele Linien auf den Boden.

❋ Geben Sie einem Kind das Sandsäckchen.

❋ Sagen Sie dem Kind, auf welche Linie es den Beutel werfen soll.

❋ Das Kind wirft entweder auf die Linie, die am nächsten ist, auf die, die am weitesten entfernt ist, oder auf die mittlere Linie.

„Versuche, genau auf die Linie zu werfen!"

❋ Nacheinander werfen alle Kinder das Sandsäckchen so, wie Sie es jeweils vorgeben.

Der Torpedo

Mitspieler	pro Gruppe vier Kinder
Benötigtes Material	ein Ball
Spielbereich	im Freien
Didaktisches Ziel	die Raumausdehnungen „weit" und „nah" durch Organisation innerhalb der Gruppe üben

❀ Alle Gruppen stellen sich mit Ihnen an eine Seite des Spielbereiches.

❀ Werfen Sie den Ball so weit wie möglich.

„Mal sehen, wie weit der Ball fliegt!"

❀ Von jeder Gruppe läuft ein Kind los, um sich den Ball zu holen. Dabei rufen die anderen: „Schieß los, Torpedo!"

❀ Es gewinnt die Gruppe, die am meisten Bälle bekommt.

Dosenwerfen

Mitspieler	pro Gruppe drei Kinder
Benötigtes Material	drei Dosen, neun kleine Bälle, eine Bank und Kreide
Spielbereich	im Freien
Didaktisches Ziel	unterschiedliche Raumausdehnungen „weit" und „nah" mit Objekten wahrnehmen

❀ Stellen Sie die Bank in die Mitte des Spielbereiches und stellen Sie die drei Dosen darauf.

❀ Zeichnen Sie dann eine Linie auf den Boden, von der aus die Kinder auf die Dosen werfen sollen.

❀ Eine Gruppe stellt sich an der Kreidelinie auf. Geben Sie jedem Kind drei Bälle.

❀ Auf Ihre Aufforderung hin werfen die Kinder und versuchen, die Dosen von der Bank zu werfen.

„Zielt ganz genau!"

❀ Danach stellen die Kinder dieser Gruppe die getroffenen Dosen wieder auf die Bank. Sie sammeln die Bälle auf und geben sie der nächsten Gruppe.

❀ Es gewinnt die Gruppe, die alle Dosen von der Bank geworfen hat.

Krabbeltiere

Mitspieler	unbegrenzte Anzahl
Benötigtes Material	Tische und Stühle
Spielbereich	großer Raum
Didaktisches Ziel	durch die Aufstellung von Objekten die Positionierung und Bewegung im Raum trainieren

❁ Stellen Sie die Tische in einer Zickzacklinie auf.

❁ Die Kinder kriechen nacheinander unter den Tischen hindurch.

❁ Räumen Sie nun die Tische weg und stellen Sie die Stühle ebenfalls in einer Zickzacklinie auf.

❁ Nun krabbeln die Kinder unter den Stühlen hindurch.

„Nichts umwerfen!"

❁ Entfernen Sie danach die Stühle. Jetzt stellen sich die Kinder selbst in einer Reihe auf und spreizen die Beine.

❁ Das hinterste Kind kriecht zwischen den Beinen der anderen Kinder durch und stellt sich vor das erste, danach kommt das nächste Kind.

❁ Das Spiel ist zu Ende, wenn alle Kinder durch die Beine der anderen hindurchgekrabbelt sind.

Passwort

Mitspieler	unbegrenzte Anzahl
Spielbereich	großer Raum
Didaktisches Ziel	Raumlagen wie „davor", „darin" und „dahinter" wahrnehmen

❀ Zwei Kinder stellen sich gegenüber und halten sich mit nach oben gestreckten Armen an den Händen. Jeder bekommt eine Farbe zugewiesen (schwarz oder weiß).

❀ Die anderen bilden eine Reihe. Nacheinander gehen sie unter den Armen der beiden Kinder hindurch.

❀ Wenn sich eines der Kinder gerade genau unter der „Brücke" befindet, senken die beiden überraschend die Arme und halten es „gefangen".

❀ Das gefangene Kind wird gefragt: „Welche Farbe willst du, schwarz oder weiß?" Es antwortet leise, so dass die anderen die Antwort nicht hören.

❀ Je nach Antwort stellt es sich hinter eines der Kinder.

„Einer nach dem anderen!"

❀ Das Spiel ist zu Ende, wenn alle Kinder gefangen wurden und hinter dem Kind der gewählten Farbe stehen.

❀ Es gewinnt die Farbe, der sich die meisten Kinder angeschlossen haben.

Mitspieler	unbegrenzte Anzahl
Benötigtes Material	Tische, Stühle, Buntstifte und andere Schulutensilien
Spielbereich	großer Raum
Didaktisches Ziel	Raumlagen wie „darauf" und „darunter" wahrnehmen

✿ Jedes Kind sitzt an einem Tisch. Auf dem Boden neben ihm steht ein Karton mit diversen Schulsachen.

✿ Die Kinder folgen Ihren Anweisungen.

✿ Zuerst legen die Kinder die Hände auf den Tisch.

✿ Dann nehmen sie einen roten Stift und legen ihn auf den Tisch. Einen blauen Stift legen sie unter den Stuhl.

✿ So legen sie nacheinander alle Gegenstände aus der Schachtel auf oder unter den Tisch oder den Stuhl.

✿ Das Spiel endet damit, dass alle Kinder sich unter dem Tisch verstecken.

„Ich darf dich nicht mehr sehen können!"

Mitspieler	unbegrenzte Anzahl
Benötigtes Material	ein großer Spiegel und Aufkleber in unterschiedlichen Farben
Spielbereich	großer Raum
Didaktische Ziele	• die Beobachtungsgabe entwickeln • die Mitte einzelner Körperteile wahrnehmen

❀ Verteilen Sie die Aufkleber an die Kinder.

❀ Die Kinder stellen sich vor den Spiegel und beobachten ihren Körper.

❀ Sie folgen Ihren Kommandos.

❀ Anhand ihres Spiegelbildes suchen die Kinder die Mitte unterschiedlicher Körperteile und markieren diese mit einem Aufkleber.

„Nehmt immer eine andere Farbe!"

❀ Erst suchen sie die Mitte ihres Gesichtes. Dann suchen sie die Mitte ihres Bauches.

❀ So geht es weiter, bis sie alle Bereiche ihres Körpers markiert haben.

❀ Betrachten Sie am Ende gemeinsam mit den Kindern, wie jedes Kind die Mitte seiner Körperteile gekennzeichnet hat.

Mitspieler	unbegrenzte Anzahl
Benötigtes Material	Klebeband und Geräusche von Wind, vom Meer und von galoppierenden Pferden
Spielbereich	großer Raum
Didaktisches Ziel	das Konzept „Raummitte" durch die Anordnung im Raum und die akustische Wahrnehmung trainieren

❀ Teilen Sie den Spielbereich in drei Teile. Eine Seite ist die Luft, die Mitte ist das Meer und die andere Seite die Erde.

❀ Die Kinder sitzen auf dem Boden und lauschen den drei Klangaufnahmen. Jedes Geräusch entspricht einer der drei räumlichen Unterteilungen: Luft, Meer und Erde.

❀ Wenn Sie nun die Galoppiergeräusche anstellen, sollten die Kinder schnell in den Bereich der Erde wechseln und dort auf und ab laufen.

❀ Wenn sie das Rauschen des Windes hören, wechseln sie wieder in den entsprechenden Bereich und machen Flugbewegungen.

❀ Das Spiel ist zu Ende, wenn Sie alle Geräusche einige Male durchgespielt haben.

❀ Auf Ihre Aufforderung hin gehen die Kinder in den mittleren Teil, das Meer.

❀ Lassen Sie daraufhin Meeresrauschen erklingen. Die Kinder imitieren Schwimmbewegungen im Rhythmus der Tonaufnahme.

„Bewegt euch mit den Wellen!"

Rollen und werfen

Mitspieler	paarweise
Benötigtes Material	ein mittelgroßer Ball für jeden Mitspieler
Spielbereich	großer Raum
Didaktisches Ziel	die Raumrichtungen „oben" und „unten" wahrnehmen

 Geben Sie jedem Kind einen Ball.

 Die Kinder bilden Paare und verteilen sich im Spielbereich.

 Sie stellen sich jeweils gegenüber im Abstand von 2 m auf.

 Auf Ihr Kommando hin spielen sie sich die Bälle zu, aber ein Kind wirft ihn durch die Luft, das andere lässt ihn über den Boden rollen.

 Die Kinder versuchen, den vom Partner zugespielten Ball zu fangen.

„Lasst die Bälle nicht entwischen!"

 Danach tauschen die Kinder die Rollen: Das Kind, das den Ball durch die Luft geworfen hat, rollt ihn jetzt über den Boden und umgekehrt.

 Das Spiel ist zu Ende, wenn alle Kinder beide Techniken durchgeführt haben.

Fliegender Schwamm

Mitspieler	unbegrenzte Anzahl
Benötigtes Material	ein runder Schwamm
Spielbereich	großer Raum
Didaktisches Ziel	unterschiedliche Raumrichtungen durch den Umgang mit Objekten entdecken

❀ Lassen Sie die Kinder einen großen Kreis bilden. Alle halten sich an den Händen, bis auf ein Kind, das mit dem Schwamm in der Hand in der Mitte steht.

❀ Auf Ihr Kommando hin wirft es den Schwamm in die Luft.

❀ Der Kreis löst sich auf und alle versuchen, den Schwamm zu fangen.

„Achtung, nicht zusammenstoßen!"

❀ Das Kind, das den Schwamm fängt, tut so, als würde es sich waschen. Es stellt sich in die Mitte des Raumes. Um dieses Kind herum bilden die anderen Kinder wieder einen Kreis.

❀ Dann wirft dieses Kind den Schwamm, aber diesmal auf den Boden. Die Kinder laufen dem Schwamm hinterher und versuchen, ihn zu bekommen.

❀ Das Spiel geht solange weiter, bis jedes Kind einmal den Schwamm in die Luft oder auf den Boden geworfen hat.

Wunderkleber

Mitspieler	paarweise
Spielbereich	großer Raum
Didaktisches Ziel	die räumlichen Konzepte „zusammen" und „getrennt" trainieren

❀ Die Kinder bilden Paare und stellen sich auf eine Seite des Spielbereiches.

❀ Die Paare sollen gemeinsam von einer Seite auf die andere gehen: Zuerst halten sie sich an den Händen. Dann, auf dem Rückweg, gehen sie ganz dicht nebeneinander, indem sich ihre Nasenspitzen berühren.

❀ Nun gehen sie wieder auf die andere Seite und legen dabei die Handflächen auf die des Partners.

❀ Zuletzt kommen sie Rücken an Rücken wieder zurück.

„Wie siamesische Zwillinge!"

❀ Abschließend müssen die Kinder versuchen, sich Rücken an Rücken auf den Boden zu setzen, ohne sich voneinander zu lösen.

Siamesische Zwillinge

Mitspieler	paarweise
Benötigtes Material	Schnüre oder Tücher
Spielbereich	großer Raum
Didaktische Ziele	• die Orientierung im Raum trainieren • Koordination von Körper und Bewegung üben

❀ Die Kinder stellen sich in Paaren an einer Seite des Spielbereiches auf.

❀ Binden Sie die Kinder mit Tüchern oder Schnüren jeweils an einem Bein zusammen.

❀ Auf Ihr Kommando hin laufen die Kinder wie siamesische Zwillinge zur anderen Seite des Bereiches.

„Achtet auf euren Partner!"

❀ Es gewinnt das Paar, das zuerst ankommt.

Dunkelkammer

Mitspieler	unbegrenzte Anzahl
Benötigtes Material	Tücher für jedes Kind
Spielbereich	großer Raum
Didaktische Ziele	• räumliche Orientierung durch die Konzepte „zusammen" und „getrennt" vertiefen • sich im Raum ohne visuelle Wahrnehmung fortbewegen

❀ Die Kinder verteilen sich im Raum und versuchen, einen gewissen Abstand voneinander zu halten.

❀ Verbinden Sie den Kindern mit den Tüchern die Augen und gehen Sie sicher, dass kein Kind etwas sieht.

❀ Auf Ihr Signal hin gehen die Kinder langsam umher und tasten sich mit den Händen voran.

„Sucht im Dunkeln einen Partner!"

❀ Wenn ein Kind ein anderes trifft, geben sie sich die Hand. Zusammen suchen sie weitere Kinder.

❀ Das Spiel endet, wenn alle Kinder zusammen eine lange Kette bilden.

Sternenhimmel

Die Aufführung beginnt!

Mit dieser kleinen Aufführung können die Kinder verschiedenste Raumausdehnungen, Raumwege und Raumlagen erleben und darstellen. Dazu teilen sich immer sechs Kinder in Sonne, Mond und Sterne auf. Die Sonne trägt einen Umhang aus orangefarbenem Papier, einen Kopfschmuck mit Strahlen und einen orange angemalten Karton mit einer abgebildeten Sonne. Der Mond trägt einen Umhang aus gelbem Papier, einen Turban auf dem Kopf und einen gelben Karton, auf den ein Mond gezeichnet ist. Und die vier Sterne tragen blaue Umhänge, Kopfschmuck und blaue Kartons mit Sternen. Die Sonne setzt sich in der Mitte des Spielbereiches geduckt in ihren Karton.

In einem gewissen Abstand versteckt sich auch der Mond in seinem Karton. Die Sterne bilden einen Halbkreis um die beiden Himmelskörper und verbergen sich ebenfalls in ihren Kartons. Wenn Musik erklingt, steigt die Sonne aus ihrem Karton und geht einmal um ihn herum. Der Mond vollzieht dieselbe Handlung, danach ebenfalls die Sterne, einer nach dem anderen. Schließlich verteilen sich alle im Raum, indem sie sich auf Zehenspitzen und mit ausgebreiteten Armen im Rhythmus der Musik bewegen. Wenn die Musik stoppt, verbeugen sich alle Figuren vor dem Publikum.

Spieleübersicht

Spiel	Seite	ab 4 Jahre	ab 5 Jahre	ab 6 Jahre	ab 7 Jahre
Der Detektiv	10				⚘
Wilde Tiere	11	⚘			
So ein Durcheinander!	12	⚘			
Der ellenlange Wurm	13			⚘	
Das kleine Quadrat	14		⚘		
Der Herbst ist da	15			⚘	
Farbenmix	16				⚘
Katzentreffen	17	⚘			
Der wackelige Hügel	17		⚘		
Luftballonkiste	18			⚘	
Gießkanne	19				⚘
Eine kurze Nacht	20		⚘		
Der Urschrei	21	⚘			
Sackhüpfen	22			⚘	
Der Teppich	23		⚘		
Der bewegte Punkt	24				⚘
Tanzwettbewerb	25			⚘	
Der Park	26				⚘
Hin und her	27	⚘			
Der Hai	28			⚘	
... und noch einmal!	29				⚘
Papierkinder	30		⚘		
Wurzeln	31	⚘			
Gut verteilt	31				⚘
Der gefälschte Himmel	31	⚘			
Vogelscheuche	33			⚘	
Röllchen	34	⚘			
Blindenhund	35				⚘
Architekturbüro	36				⚘
Magnet	37	⚘			
Peng!	38		⚘		
Vier verspielte Ecken	39				⚘
Fliegende Bälle	40			⚘	
Leise!	41	⚘			
Weiße Füße	42		⚘		
Hinein und heraus	44			⚘	
Ein Gespenst!	45		⚘		
Wasser und Sand	46	⚘			
Gefangen!	47			⚘	

Spiel	Seite	ab 4 Jahre	ab 5 Jahre	ab 6 Jahre	ab 7 Jahre
Der schrumpfende Riese	48				⚘
Linienspringen	49			⚘	
Landvermesser	50				⚘
Froschhüpfen	51			⚘	
Taktstöckchen	51	⚘			
Voll besetzt!	52		⚘		
Wasserspaß	53			⚘	
Nimmersatt	54				⚘
Wachsfigurenkabinett	55			⚘	
Was für ein Unterschied!	56	⚘			
Hoch hinaus!	57				⚘
Eine feste Umarmung	58			⚘	
Riesenkinder	59		⚘		
Hüpfende Ballons	60			⚘	
Reifen in Bewegung	60	⚘			
Gefährliche Landstraßen	61		⚘		
Freche Fähnchen	62	⚘			
Streifenteppich	63			⚘	
Streck dich!	64	⚘			
Getroffen!	65	⚘			
Das Stäbchen	65			⚘	
Eins, zwei, drei	66		⚘		
Tamburinklänge	67				⚘
Das Sandsäckchen	68			⚘	
Der Torpedo	69	⚘			
Dosenwerfen	69				⚘
Krabbeltiere	70	⚘			
Passwort	71				⚘
Aufgepasst!	72			⚘	
Mittelpunkte	73		⚘		
Luft, Wasser, Erde	74				⚘
Rollen und werfen	75			⚘	
Fliegender Schwamm	76		⚘		
Wunderkleber	77	⚘			
Siamesische Zwillinge	78			⚘	
Dunkelkammer	79				⚘
Sternenhimmel	80		⚘		

Die Altersangaben dienen nur zur Orientierung.
Die Anwendbarkeit der Spiele hängt vom jeweiligen Entwicklungs- und Lernstand der Kinder ab.

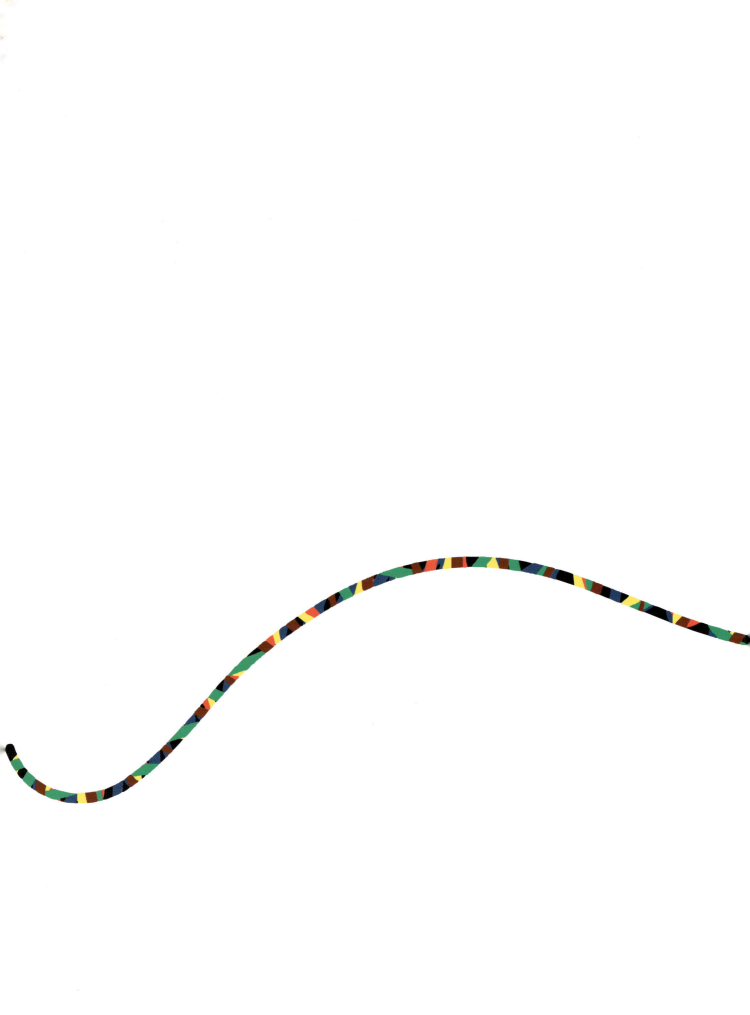